JN409112

# 행복샘물

윤정 선생의
사람 사는 이야기를
함께 만들고 글을 쓰고
올리고 전달할 수 있도록
늘 도움 주는 짝꿍에게 감사를
전합니다

부족한 글을 지도하고
퇴고해 주신 홍순옥 이사장님께
감사 인사 올립니다

더 좋은 글이 되도록
노력하며 살겠습니다

윤정 이승현 올립니다.

# 차례

# 청동 항아리

말린 꽃
꽂아 놓으니
절세가인 탄생이야

못난
청동 항아리
재 탄생 축하해

예쁜 화기로
거듭 난 너
보면 볼수록 명품이네

만든 사람의
수고와 노력에
거듭 태어난 삶 축복해

# 12월의 끝자락

한 해
잘 살아 주어서 고마워
토닥토닥

열정 가득했던 그 순간
슬기롭게
마무리할 수 있어 고마워

몸과 마음아
너와 함께 했던
순간순간이 감사의 시간이야

한 해 잘 보내고
내년 2022년을 맞이하니
잘 지내온 거지

내년에도
최선과 정성으로 노력할게
잘 도와줘 건강하게

# 봄立春이 돌아오는 날

봄이 돌아왔어요
꽃 피는 입춘 시기에
웬 말인가요

눈 보라 치고
영하 10도의 날씨에
언 땅 뚫고 올라오던 새싹들도

모두 얼어붙어
아쉽고 아쉽네요
내일이면 입춘인데

따뜻한 봄볕에
냉이 달래 고들빼기도
예쁘게 싹눈 띄워

잘 살아나길
두 손 모아 기도해 줍니다
추위는 끝나고 봄이 돌아왔어요

# 피어나라 그대여

한번 뿐인
인생
활짝 피어나세요

할 수만 있다면
인생은 성공

하지도 않고
왜
포기하시나요

인생의 주인공은
바로 당신
피어나세요

무엇을 해도
다 잘 할 사람이니까
당신은

# 나의 12월의 기도

나를 둘러 싼 만남을
가만히 생각해 본다

나의 곁에는 누가 있는지
내 맘 깊은 곳에 누가 있는지
눈 감으면 떠오르는 얼굴들을
가만히 생각해 본다

생각만 해도
가슴 따뜻해지는 인연을
한 분 한 분 생각해 본다

궂은 일
좋은 일
기쁜 일
슬픈 일 등등...

서로 아끼며
기도를 해 준 인연들

서로 이해하며
동행을 해 준 인연들
그 인연들이 있어
인생이라는
커다란 기관차를
무사히 운행하면서 살아간다

인생의 삶에서
나도 남들에게
좋은 인연으로 남기 위해
더욱 노력해야 겠다

그들에게도
좋은 인생 동반자가
되어 주기를 소원하며
12월의 종착역에서 기도 올려 본다

# 달개비꽃

반달 모양
연둣빛 잎새
바람 따라 물결치는
파란 꽃 하늘

이슬 머금은 채
시드는 듯 한줄기
희망의 파랑으로
다시 피워냈구나

뿌리내려
다시 잘 살아주는
너의 생명력에
박수를 보내

정말
고마워

# 눈 오는 새벽

가로등에 빛나는
하얀 눈의
신세계를 만났다

눈이 내린다
하늘나라의
잔칫날인가 봐

온 세상에 내린
축복의 팡파르
신이 준 축제다

이 넓은 천지에
흰 눈꽃을 뿌린 신에게
두 손 모아 기도 올린다

세상에 있는
코로나19가
빨리 떠나가기를…

# 목련

순백의 꽃봉오리
하나하나 터트리며
자태를 자랑하던
너

겹겹 쌓인
꽃봉오리 속
세상의 수많은 사연을
담았구나

새봄
또다시 만날 반가움에
널 기다리며

설렘에 잠긴다

# 인연

당신을 만나
인연의 소중함을
알았습니다

당신을 만나
인연이 있어
참 좋구나를 배웠습니다

당신을 만나
인연이 있어
사랑을 배워갑니다

당신을 만나
인연의 기쁨이
세상에 필요함을 느낍니다

당신을 만나
인연은 함께여야 함을
알아 갑니다

고맙습니다
소중한 인연
함께해 주시니 감사 올립니다.

# 한 해를 보내며

하루밖에 살 수 없다면
이 순간 무엇을 할 것인가
생각해 봅니다

짝꿍에게 좀 더
다정하게 해줄 것을…

짜증스러운 말투로
말을 해도 그냥 웃어 줄 것을…

오늘뿐인 이 소중한 순간에
마지막 하고픈 말들을 예쁘게 장식할 것을…

그냥 아무 생각 없이 지나간
내 인생의 세월에 반성문을 쓸 것을…

못다 한 이야기에 마무리를
좀 더 아름답고 근사하게 남길 것을…

부모님 이야기
짝꿍 이야기

자식 이야기를 내 기억 속에
각인되도록 좀 더 기록해 둘 것을…

오늘이 마지막이라 생각해 보니
정리할 것들이 너무 많아
다 정리하기가 힘들다는 것을 알았습니다

오늘이 나의 삶의 마지막 날이라
생각해 보니
그 주어진 순간 지금이
더욱더 소중합니다

힘찬 시작
행복한 시작
감사할 것이 참 많았구나…
다시 한번 생각해 봅니다

오늘이 마지막 날인 것처럼
최선을 다하는 삶이고 싶습니다

# 수선화

노란 꽃잎
활짝

긴 꽃술
빨갛게 드러내며
웃는 모습
사랑스러워

긴 줄기
하늘 향해
힘차게 뻗어
두 팔 벌린 자태
뽐내기 선수구나

파릇파릇
물올라
싱그러운 너

참
예쁘다

# 터널

시작과 끝이
존재하 듯
인생의 고통도
끝이 있는 법

길고 긴 삶의 길
고통의 시간은
지나간 후 생각해 보면
행복한 줄다리기
터널 끝이 보인다

## 첫 시작의 바램

인생은
긴 터널을
빠져나가는 작업

진입을
시작했다면
반드시 끝이 있는 법

끝까지
노력해야
결과를 얻듯

목표를
정했다면
완주하는 꿈을 꾸자

할 수 있다는
자신감이
꿈을 이룬다

# 모과 차

모과는 정말 이상하게 생겼어

과일 중 제일 못 생겼지만 그래도
사람들 좋아해

차 향기 가득한 찻집 앞 지나다
무슨 차인가 궁금해
물었더니 모과라 하네
특색이 있어
향기는 10리까지 바람에 날리네

# 봄

아지랑이
피어나고

바람 끝
시린 듯 하나

봄바람 따라
꽃 소식 전해오네

강남 갔던 제비
돌아오는 삼월삼짇날

산에는
진달래꽃 만발하여

우리들의 마음까지
봄기운 가득하네

# 꽃밭에서

활짝 핀 꽃잎에
딱정벌레 날아와
속삭였지

고마워
네가 있어
정말 고마워

# 인연1

사랑과 사람이
모여

서로
마음 나누면

사랑 꽃
피어나네

# 인연2

절벽과
절벽 사이에

꽃
피울 수 있다면

그것은
인연이네

# 인연3

더 멀리까지
가려면
함께 갈
동행자가 필요하다

같이 갈
사람들과의 만남
그리고 배움
인연이다.

# 칭찬의 날개

삶의 길을
묵묵히
걸어가는 시작

생명이 살아 있어
감사를 만날 때마다
재능을 기부하는 꿈을 꾼다

그 때마다
삶에 대한 환희심이 가득 피어나
힘든 시간
지친 몸도 다시 살아난다

열심히 잘 살아온
스스로에게
칭찬의 날개를 달아주며
고통 속 삶을 위로해 본다.

# 눈1

어젯밤
눈이 소복소복
내렸어요

장독대랑 꽃밭에도
하얀 설탕으로
가득 덮여있어요

많은 사람들
마음 아프지 말라고

하늘에서
사랑 내려 준 거지요

# 눈2

눈이 내리네
온천지에
소리 없이 흰 눈이

들녘에도
산에도
나뭇가지에도
하얗게 뿌리네

세상 모든 근심을
깨끗하게
닦아 주려는
신의 배려인가 봐

# 생명

양지바른 돌 담 밑
엄동설한
혹한 속에서도

파란
새싹들
삶을 소생시키는
끈기와 열정

그래
살아있다는 것은
신의 축복이야

모진 고통 속
살아가겠다는
진한 생명의 소리를 듣는다

맞아
그 마음이면 돼

# 봄이 오면 나는

봄이 오면 나는
연둣빛 희망을
손끝의 선으로 피어내리라

화선지 위에
손놀림에 따라
만들어지는 새로운 세상

미지의
신세계 속으로
꿈의 열차를 타고 달려간다

그 꿈을 위하여
오늘도 나는
발걸음을 재촉해 본다

# 그리움

겹겹이 싸인
꽃잎 안
속사정 알지 못하듯

가득 담아
입 다문
노란 암 수술만큼이나

세월이 흐를수록
사랑 알알이
익어가지만

그리움으로 남는
러브스토리의
첫사랑

# 달맞이꽃

초록 잎새 톱니에
얼굴 내민 너

까만 달 밤
별똥 떨어진 자리에서
너를 만났지

고혹한 자태
한 층 더 뽐내는 듯
달빛 속에 환희 빛났어

잎겨드랑이에서 피었다가
아침에 시들어
화려하지 않아도

기다림이란
너의 꽃말처럼
수줍은 청초함을
이제야 알 것 같아

# 시

너무 잘 쓰려고
하면 할수록 어렵죠
그냥 그냥
내 마음 가는대로
쓰면 잘 표현이 되요

자신의 생각이
중요하죠
형식
남의시선
생각하지 마세요

나는 나니까요

# 시는 똥이다

사람이 잘 사는 방법
으뜸 세 가지

혈통
대통
소통

오래 장수하는 법
세 가지

깊은 호흡
대사를 잘 하고
수축과 이완을 하라

시를 잘 쓰려면
자신의 생각을
거침없이 배설하자

대사를
잘 할 때
마음속 앙금도 빠진다

# 하늘꽃

하늘나라에는
언제나
예쁜 꽃 만발

늘 아름다운 향기
우리들에게 전하기 위해
신께서 만들었어요

꽃 선물 받으면
사랑 받아
마음도 예뻐지니까요

# 초록 달팽이

잎과 잎새 사이에
자리한 너

그 빛깔이 너무 고와
연둣빛 초록이야

너무 느려도
가기만 한다면

목적지에 조금 늦어도
도착할 수 있잖아

그것이
달팽이의 미학이야

천천히 가면 어때
끝까지 가기만 하면 돼

# 새싹1

언 땅 뚫고
머리 내민 모습

너무 신비해
다시 보았네

힘든 삶의 여정 속에서도
살아남으려는 노력

양지바른 돌 밑에
싹튼 연둣빛 희망

소한 추위에 얼어
세상 빛도 못 보고

생명 끝나지 않기를
기도한다

# 새싹2

예쁜
꽃씨 하나

파란 싹 눈
띄웠네

아 세상은
이런 거구나

넓은 세상
나올 수 있어 행복해

# 새싹3

넌 무엇 하고 싶니
난 세상이 너무 보고 싶어

어떤지
궁금하거든

빨리 보고 싶어서
나가고 싶어

그래서 소한 추위에
태어났어

새싹이란 이름으로

# 순수

아침 이슬처럼
맑은 옹달샘

그 알싸한
청량감처럼
다가온 당신

고마운 인연입니다

# 꿈의 바다

동해
푸른 물결

낮에는 해를
밤에는 별도 달도 품었지

세상 모든 것을
덮어주는 넓은 바다

그곳에 가면
커다란 꿈을 꾸게 돼

우리를
사랑하나 봐

# 그대 그리움

스타치스 꽃이 필 때쯤
생각나는 그대여

환상적인
영원한 사랑 꽃말처럼
생각할수록 그립습니다

그리움 속
사연 꺼내보며
그대 생각에 잠듭니다

# 프리지어

너 하면
향기가 생각나

천진난만한 미소
너무 예뻐
예쁜 빛 가득해

넌 알아
너를 알리는 방법을

# 꽃 단지

봄 볕에
싹눈 띄었네

아직 추운데
벌써 나왔니

양지가 따스해
빨리 보고 싶어서

반가워
너를 만나니
봄이 빨리 온 것 같아

고마워
새 희망 주어서

# 꽃 진 자리

꽃 진
자리에는
무엇이 있을까

사랑이
희망이
행복이

그리고
미래가 남았어

## 연둣빛 희망1

큰 잎 3개
작은 잎 2개
오손도손 오 형제

멀리서 보면
다섯 손가락처럼
하나야

연둣빛 새순
뾰쪽한 가시 굵은 줄기
새싹 진초록 잎새

서로서로
화합으로
자리한 오 형제

겨울 추위
잘 견뎌
그리고 다시 만나

새 희망으로
새 봄에

# 연둣빛 희망2

보면
볼수록
아름다워

그 예쁜
꽃잎 속에
무엇이 들었을까

꼭 다문
입 안에
이것이 들었어

난
연두 색이고
이름은 희망이야

# 소소한 행복

아주 작은
꽃씨 한 알

땅에 떨어져
봄이 오기를
손꼽아 기다린다

새 봄이 오면
다시 세상 빛을
보고 싶어서

# 손

이 세상 끝까지
잡고 싶은 손이 있어요

바로 사랑하는
당신의 손이죠

오늘도
손 잡아 줄 님이 있어

행복한 아침을
맞습니다

# 봄 같은 인연1

우리
새해에는
이런 인연으로
만나요

아주
작은 것에도
행복한
그런 만남이요

보면
볼수록
보고 싶은
인연으로요

서로
그리워하는
봄 같은
인연이요

# 봄 같은 인연2

연둣빛
잎새 사이
노란 꽃 필 때

아름다운
인연으로
다가온 당신

당신은
봄 같은
사람입니다

# 봄이 오는 길목에서1

한 겨울 추위에
얼어붙은 나뭇가지

자신 보호하고자
제 빛 안으로 감춘 삶

다시 봄이
찾아와

자신의 삶 잘 살아가길
기도해 본다

# 봄이 오는 길목에서2

잔설 남아
흐르는 시냇물
졸졸졸 흐르고

꽃샘추위
매서운 한파는
시린 손 더 시리게 하네

살아 숨 연장할 수 있어
또 한 해의 봄을
맞는 기쁨이구나

버들강아지
싹 눈 띄우는
춘삼월의 눈부신 미풍

기다리는 지금 이 순간
살아있어 만나는
축복이로세

# 달그림자

달 밝은 밤
호수에 비춘 그림자

하늘에 달은
하나이건만

수천 곳에
비춘 님의 얼굴

달 빛에 마음도
그리움 꽃 피어오르네

# 성공 주문

산너머 저쪽에서
불어오는 바람
성공의 바람인가요

삶에 느끼는 희열
어디에 있나요
바로 성공에 있습니다

성공 하고 싶은가요
성공하는 생각만 하십시오
반드시 성공할 겁니다

# 6과 9

6을 바로 보면 6
돌려 보면 9

6과 9
서로 어느 시점에서
보느냐가 중요하다

인생의 방정식에는
정답이 없다

서로 다름을
인정한다면

틀림이 아닌
다름이 있을 뿐이다

# 자목련의 일생

춘풍에
자랑할 듯
예쁜 꽃 피었으나

웬
눈보라 인가
활짝  피어보지 못하고

잔설에 얼어
인생 끝나 가는구나

아쉽고 아쉽다
다시 태어나
피워볼까나

# 무소유1

무소유
아무것도
갖지 않는다는 것이 아니라

불필요한 것을
갖지 않는다는 뜻이다
법정 스님의 무소유 중

인생을 살아갈 때
무소유의 진정한
의미를 이해한다면

우리의 삶은
보다 홀가분하게
살아갈 수 있다

# 무소유2

아무것도 갖지 않고
살아 갈 수 있나요
살 수 없어요

불필요한 것을
갖지 않아야 삶이
편안합니다

많이 갖고자
너무 욕심낼
필요 없이

하고 싶은 것
즐겁게 할 수만 있다면
삶 축복입니다

# 외갓집 까치

담 밑 감나무
까치가 찾아와
울고 있다

까치가 울면
손자가 온다는
속담처럼

오늘은 어떤
좋은 일이 있을까
종일 기다린다

손자가
방학을 해서
올 것을 알기에

기다리는 손님
오는 날
살아 있어 느끼는 행복이다

# 하늘 동산

하늘 아래
자리한 동산
의왕시 백운 호숫가
하늘 쉼터가 있는 곳

시아버님 추모공원
새해 방문한 날
하늘 동산에 가득 핀
가족 사랑 꽃

백색 천사님
만나고 가는 날
마음 속 기도
올려본다

천세
만세
하늘나라에서
행복하시길…

# 경청 輕淸1

하늘이
맑아서
눈이 부셔

빛깔이
오색 물결 가득
행복해

아
감탄사가
저절로 나와

신이 나를
천상의 세계로
초대하셨나 봐

# 경청 輕淸 2

은쟁반에
옥구슬 소리가
내게 들려와

바람이
맑은 목소리로
속삭여

오늘처럼
좋은 날
데이트하고 싶어

# 냉이꽃

봄이 되면
너무 흔해서
잊기 쉬운 꽃이
저예요

그래도
봄이면
제가 사람들 밥상에
기쁨이 됩니다

화려하지 않아
애써 찾지도 않는 답니다
새봄에는
생각나게 하는 맛이 저예요

추운 겨울 이겨내며
양지바른 곳 싹눈 틔우고 있어요
힘 키우며 열심히
살 거예요

# 홍매화1

하얀 눈 위
빨간 입술로
자신의 삶 피어낸 홍매화

너의 고운 자태
보는 이 마음까지
황홀하구나

힘든 시간 속
자신의 생명 잉태하고자
매서운 칼 바람 참아내며

멋진 모습으로
탄생한 너에게 난 배운다
삶의 처세를!

# 홍매화2

홍매의 돋 보이는 색의 신비
어디에서
만날 수 있을까

매화는 매화로다
흰색 홍색 짙은 자색
많지만

화려함의 절정은
너 홍매화가 과연
으뜸이로세

# 민들레

홀씨 하나 날아와
겹겹 쌓인 잎새 속
싹 띄우고
진한 액체
쓴맛 간직하며
삶의 고비 수없이 넘기며
살아가는 생

사람들
밟아도 밟아도
다시 살아 나
흰 꽃 노란 꽃
피워내는
그 질긴 생명력
신의 축복이야

그것이면 돼
흔들리며 흔들리며
바람결에 홀씨 날려
온 세상 전달하는 숙명
넌 너의 삶에
최선을 다하는구나
고맙다 잘 살아주어서

# 산수유

봄을 알리는 전령사
꽃망울 톡톡 터지듯 피어
빨갛게 익어 가

많은 사람들에게 쓰임새 있게
약의 효능으로
생을 마무리하는 너

노란 꽃 한 아름
사랑하는 이에게
전하고 싶어

너의 꽃말 영원불변을
이야기하며
사랑을 고백할 거야

# 겨울 소나무

얼어붙은 나뭇가지
휘어지도록 살아낸
잔설 속 세월

푸른 절개로
잘 이겨낸 너에게
칭찬해 주고 싶어

너무 힘들어 보여
가지에 내린 눈
봄이 빨리 찾아와

꿋꿋한 모습으로
푸른 솔 잘 살아 가기를
기도해 줄게

# 제비꽃1

자세히 보니
보라색 꽃잎이
예쁘구나

뿌리 잎은
피침형이고
끝은 둥글어서
심장 모양
약간 들어갔네

꽃과 꽃받침은
중앙의 꽃잎
양쪽의 꽃잎 아래 두 꽃잎
서로 다른 모양으로
조화를 이루었어

꽃잎 길이 12~17mm
꽃색도 보라색 자주색
수술은 원추형으로 5~20mm

하나의 꽃송이에
밑부분 잎
잎자루에 달린 잎이 틀리네

꽃도 5잎
꽃받침은 장타원형으로
5잎 모두 달라

신비하구나
5개의 잎이 다르게
조화를 이룬 화합이
바로 너 제비꽃이야

# 제비꽃2

제비처럼 생긴 꽃
네 이름이 제비꽃이야
아기자기 조그마한 것이
보라 자주 노랑 흰색꽃
다양한 색으로 예뻐

양지바른 곳
바위틈 피어
이른 초봄에는 나물로
뿌리는 약재로
봄부터 여름까지 들꽃으로

쓰임새 가득하여
매력적이야
춘삼월 제비 돌아오는
삼월 삼진날
반갑게 만나자

# 제비꽃3

제비처럼 생겼다하여
제비꽃이라 이름 지었어

비호감일 줄 알았는데
너무 예뻐서 사람들이
좋아해

꽃중에 꽃
장미에 비할까
넌 들꽃 중 아주 매력있는
꽃이야

# 청국장

굴뚝에 모락모락
연기 피어오르는 날
어디선가
구수한 냄새
침 꼴깍꼴깍

시골 외갓집 갈 때면
돼지고기
묵은지
두부 큼직하게 넣어
끓어주셨던 할머니 손맛
그립습니다

겨울 방학이면
외갓집 갔던 추억 속
하나의 기억

# 산 사랑

산에 올라 세상을 바라보니
하얀 눈꽃이 열린 신세계

사랑하는 당신과 함께
볼 수 있어 참 좋아요
감사를 사랑을

낭랑한 목소리로 전 할 수 있어
오늘도 행복한 하루
고마운 축복의 시간입니다

# 모락산

정상에서
산모퉁이를 돌아가는
호숫가 길

산 전체가 바위로 되어
사면 절벽으로
절경 이룬 모락산

주능선 전망대에 올라서면
청계산과 백운호수가
한눈에 들어오는 곳

눈 나리는 겨울산
나무
낙엽 위에도

절벽 위 등산로
하얀 눈꽃이 피어 나
신세계가 열린 곳

전망대에서 바라본
호수길의 운치
눈 나리는 향연

흰 눈 속
요술 나라와 있는
겨울 공주

## 하얀 도화지1

온
세상이
하얀 나라

그곳에
꽃 나무 열매
아름다운 노을

그리고 싶은 대로
다
그릴 수 있어 좋아

예쁜 새싹
줄기 잎사귀 그리고
꽃을 그릴 거야

햐얀 나라는
무엇이든 다 할 수 있어
생각만 해도 행복해지니까

아름다운 세상에서
햇볕 바람 공기와 만나
더 예쁜 꽃을 피워낼 거야

아! 생각만 해도
가슴이 뛰어
그 기대가 바람에 날려

# 도화지2

도화지에 멋진 그림
그려보고 싶어

화가적 자질이 있나
그려고 또 그려봐도

지겹다는 생각이 안 들어
할 때마다 너무 재미나

# 눈 꽃

앙상한
가지가지마다
흰 눈 소복소복

나무가
추울까 봐
신이 선물하신 거야

춥지 않게
눈꽃 이불
덮어 주신 거야

# 장미

겹겹 쌓인
그 안에는
무엇을 담고 있니

세월
인생
그리고 사랑

그렇구나 난
삶 희망 행복
담았는데

너의
빨간 아름다운 매력과 열정을
닮고 싶어

너무 근사해
그런 네가 멋져
노력해 볼게

이승현 시선집 제1집

# 행복 샘물

인쇄 : 2022년 2월 28일
발행 : 2022년 3월 02일

지은이 : 이승현
펴낸이 : 홍순옥
펴낸곳 : 도서출판 옹달샘
발행처 : 도서출판 한국인
기획·제작 : 도서출판 부산문학
주소 : 경남 창원시 성산구 대정로 79, 4층 402호
(남양동, 성원1차아파트 목욕탕상가)
CACILIA 음악치료
전화 : 010-6657-6596
전자우편 : cecilia85@hanmail.net
출판등록 : 제2021-000006호

ISBN 978-89-94001-81-4(03800)
정가 12,000원